Nathalie Jomard

MON ALBUM DE ~~BÉBÉ~~ GRUMEAU

Michel LAFON

Ceci est MON album de Grumeau

Je ne le prête pas, même pas en rêve

Ceci est mon prénom

ceci est ma photo

1

an 1 avant Grumeau

Le pléistocène gestationnel supérieur

les origines de mon monde

Il était une fois Papa-Maman

mon papa
et ma maman

an 1 avant
Gruneau

avant grumeau
BLWiiiiN! WiiiiN!
RRRRRRZZZZRRROOOONFLE
après grumeau

anthropologie domestique

Ma famille, mon jardin

Papa, maman…

… frangin, frangine,
la mémé de mon hamster…
Voici une sélection des
plus belles fleurs
de mon jardin.

Je viens d'arriver, c'est quoi vos prénoms ?

- Papa : ....
- Maman : ....
- Frangin(es) : ....

....

- Le Chien-Podecolle :

....

- Le Chat-Bouboule :

....

- La tante de mon poisson rouge / les puces de mon chien / le fiancé de ma tortue Rachel :

....

....

....

Papa / Maman… acte 1, prise 1

Le pitch du film.
Comment ils se sont rencontrés,
combien ils se sont aimés,
à quelle heure on dîne ?

La rencontre a eu lieu le :

....

Où ça exactement ?

....

....

....

- ☐ Sur jecherchelamouretjesuisbonne.com
- ☐ À la Foire aux rillettes
- ☐ Chez Mémé Simone
- ☐ À l'enterrement de Pépé Gaston
- ☐ Au pince-fesses annuel de l'Amicale des jeunes célibataires désespérés
- ☐ Chez Promo-Market, rayon surgelés
- ☐ Au distributeur de chips de la compta
- ☐ Aux lavabos du camping
- ☐ À un stage de yoga tantrique sur Facebook
- ☐ Autre

l'annonce faite au mari

Devine quoi, chéri

Ainsi fut faite l'annonce de
mon auguste et imminente arrivée

....

....

....

....

....

....

....

....

....

La réaction de mon frère / ma sœur

- ☐ *"Wouaaaah !"*
- ☐ *"Génial !"*
- ☐ *"Mais moi je voulais un hamster !"*
- ☐ *"On pourra le rendre s'il est moche ?"*

....

....

....

....

....

....

....

La réaction de Papa

- ☐ *"Wouaaaah !"*
- ☐ *"Génial !"*
- ☐ *"Encore un coup du facteur ?"*
- ☐ *"Super ! On va pouvoir acheter une nouvelle voiture !"*

Brainstorming

Plouf-plouf, tu-t'a-ppe-lle-ras...

Bonjour, je m'intitule...

Après de longues heures de débat cordial (menaces, chantage, intimidation...) Papa et Maman ont fini par se mettre d'accord sur mon prénom :

....

Pourquoi ce prénom précisément ?

- ☐ *Parce que*
- ☐ *C'est celui qui est sorti au tirage au sort*
- ☐ *C'était ça ou Josette, le prénom de Mémé*
- ☐ *Un moment d'égarement...*
- ☐ *Parce que ça veut dire "papillon céleste" en picard proto-araméen*
- ☐ *Tu ne vas pas nous faire un procès ?*
- ☐ *Autre :*

....
....
....
....
....
....
....
....
....
....
....

Ça aurait pu être pire...

Papa voulait m'appeler :

....

....

....

....

....

....

Maman préférait :

....

....

....

....

....

....

archéologie radiographique

Premiers shootings photo

En toutes circonstances,
je suis photogénique

Dans le ventre
de maman,
mon meilleur profil
c'est mes fesses

↑ c'est ma
première
échographie

PFFEUH! C'EST TOUT NOIR. C'EST TOUT FLOU. IL EST NUL TON PHOTOGRAPHE MAMAN!

chronologie abdominale

Le photomaton du bidon

Le terme approche et
maman prend de la brioche

du bidon, pas trop

du bidon un peu...

il reste des pâtes?

je ne rentre plus dans mon 38

je ne vois plus mes pieds
la grosse baleine à bosse...

bilan gestationnel

Audit d'une grossesse

Grossesse, bonjour détresse ou la gestation c'est trop canon…

Que retiendra maman de cette expérience ?

J'ai adoré :

- ☐ *Mon joli bidon*
- ☐ *Mes florissants nichons*
- ☐ *Tes petits petons dans mon bedon*
- ☐ *Manger !*
- ☐ *Devenir une véritable emmerdeuse hormonale*
- ☐ Autre :

....

....

....

....

....

....

....

....

J'ai nettement moins adoré :

- ☐ *Vomir mes Chocomiams*
- ☐ *Ces pourritures de vergetures*
- ☐ *Tes mawashi-geri dans ma vessie*
- ☐ *Picoler de l'eau gazeuse au mariage de ma meilleure amie*
- ☐ *Porter d'atroces fringues orthopédiques*
- ☐ *Autre :*

....

....

....

....

....

....

....

'NÉMAAARREEEEUH !
VEUX ACCOUCHEEER !

Par Maman

2

an 1 après Grumeau

Le jurassique post-partum

l'an zéro de moi-même

Curriculum bébé

Je me présente

Je m'appelle

....

J'ai atterri le ....

Heure ....

Lieu ....

Mon poids

....

Ma taille

....

Informations colorimétriques de rigueur :

La couleur de mes yeux : ....

La couleur de mes cheveux* : ....

* *Information optionnelle, bébé chauve s'abstenir*

Compte-rendu d'accouchement

- ☐ *Avec péridurale*
- ☐ *Sans péridurale*
- ☐ *Papa a coupé le cordon*
- ☐ *Papa n'a pas coupé le cordon, il est tombé dans les pommes avant*
- ☐ *Maman a insulté la sage-femme*
- ☐ *Maman avait peur de la sage-femme, elle a préféré insulter Papa*

Par Maman & Papa

du rêve à la réalité

Ou comment je suis mieux en vrai

Maman m'imaginait...

- [ ] Blond(e)
- [ ] Brun(e)
- [ ] Roux(sse)
- [ ] Chauve
- [ ] Fille
- [ ] Garçon
- [ ] Bien peigné(e)
- [ ] Calme
- [ ] Agité(e)
- [ ] Souriant(e)
- [ ] Dodu(e)
- [ ] Menu(e)
- [ ] Grand(e)
- [ ] Petit(e)
- [ ] Hirsute
- [ ] Frippé(e)
- [ ] Les yeux marron
- [ ] Les yeux bleus
- [ ] Les yeux verts
- [ ] Deux yeux ça suffira
- [ ] Autre :

....
....
....
....
....
....
....
....

Papa m'imaginait...

- [ ] Blond(e)
- [ ] Brun(e)
- [ ] Roux(sse)
- [ ] Chauve
- [ ] Fille
- [ ] Garçon
- [ ] Bien peigné(e)
- [ ] Calme
- [ ] Agité(e)
- [ ] Souriant(e)
- [ ] Dodu(e)
- [ ] Menu(e)
- [ ] Grand(e)
- [ ] Petit(e)
- [ ] Hirsute
- [ ] Frippé(e)
- [ ] Les yeux marron
- [ ] Les yeux bleus
- [ ] Les yeux verts
- [ ] Deux yeux ça suffira
- [ ] Autre :

....
....
....
....
....
....
....
....

En réalité je suis...

- [ ] Parfait
- [ ] Plus que parfait
- [ ] Mieux que parfait
- [ ] Le piti trésor nà sa Maman

étude de personnalité

La caractérologie à portée de biberon

Côté caractère, je suis plutôt :

- [ ] *Cool*
- [ ] *Agité(e)*
- [ ] *Souriant(e)*
- [ ] *Grognon*
- [ ] *Teigneux(se)*
- [ ] *Curieux(se)*
- [ ] *Joyeux(se)*
- [ ] *Somnolent(e)*

....
....
....
....
....
....
....
....

C'est bien ma veine, j'ai hérité...

- [ ] *Le mauvais caractère de ma mère*
- [ ] *L'esprit de rébellion de mon père*
- [ ] *Les cordes vocales de ma sœur*
- [ ] *Le calme placide du poisson rouge*

....
....
....
....
....
....
....
....

Je ne sais pas encore parler…

… mais je sais me faire entendre

Au test du vocalosonomètre,
je mets une tannée à :

- ☐ *Maria Callas*
- ☐ *Johnny Hallyday*
- ☐ *Un Boeing au décollage*
- ☐ *Deux Boeing au décollage*
- ☐ *Maria Callas et Johnny Hallyday faisant un concert dans un Boeing au décollage*

nomenclature morphologique

Le sosie de Tata et le menton du facteur

Le trombiquizz

devinons à qui je ressemble

- Le nez de : ....
- Les nyeunyeux (surtout le gauche) de : ....
- Le front de : ....
- La boubouche de : ....
- Les cheveux de : ....
- Le pli du coude / le lobe auriculaire / le nonos supra-orbitaire de : ....
....
....

TATA FERNONDE, MAMAN ELLE A DIT QUE SI UN JOUR IL A DE LA MOUSTACHE, IL L'AURA HÉRITÉE DE TOI !

CAFTEUSE…

cette année-là

L'actu qu'on retiendra...

Indépendamment de mon auguste naissance, on retiendra que cette année-là :

Le Grand-Chef-qui-commande
de la République s'appelait :

....

Le tube qui cartonne au Top-Tsointsoin était :

....

La Palme d'or du film qu'on dort avec était attribuée à :

....

Le scandale de l'année était :

....

La découverte de l'année était :

....

Le best-seller qu'on n'a pas lu mais qu'on a A-DO-RÉ était :

....

Côté fringues, le truc à la mode qu'on aura honte d'avoir porté :

....

Le truc le plus pourri qu'on retiendra cette année-là était :

....

....

....

....

En vrac, les faits marquants de l'année

Le prix des couches au litre, la météo après dissipation des brumes matinales, le nom du footballeur molbèque qui a gagné Roland-Garros, etc.

....

....

....

....

....

....

mon arbre généyalogique

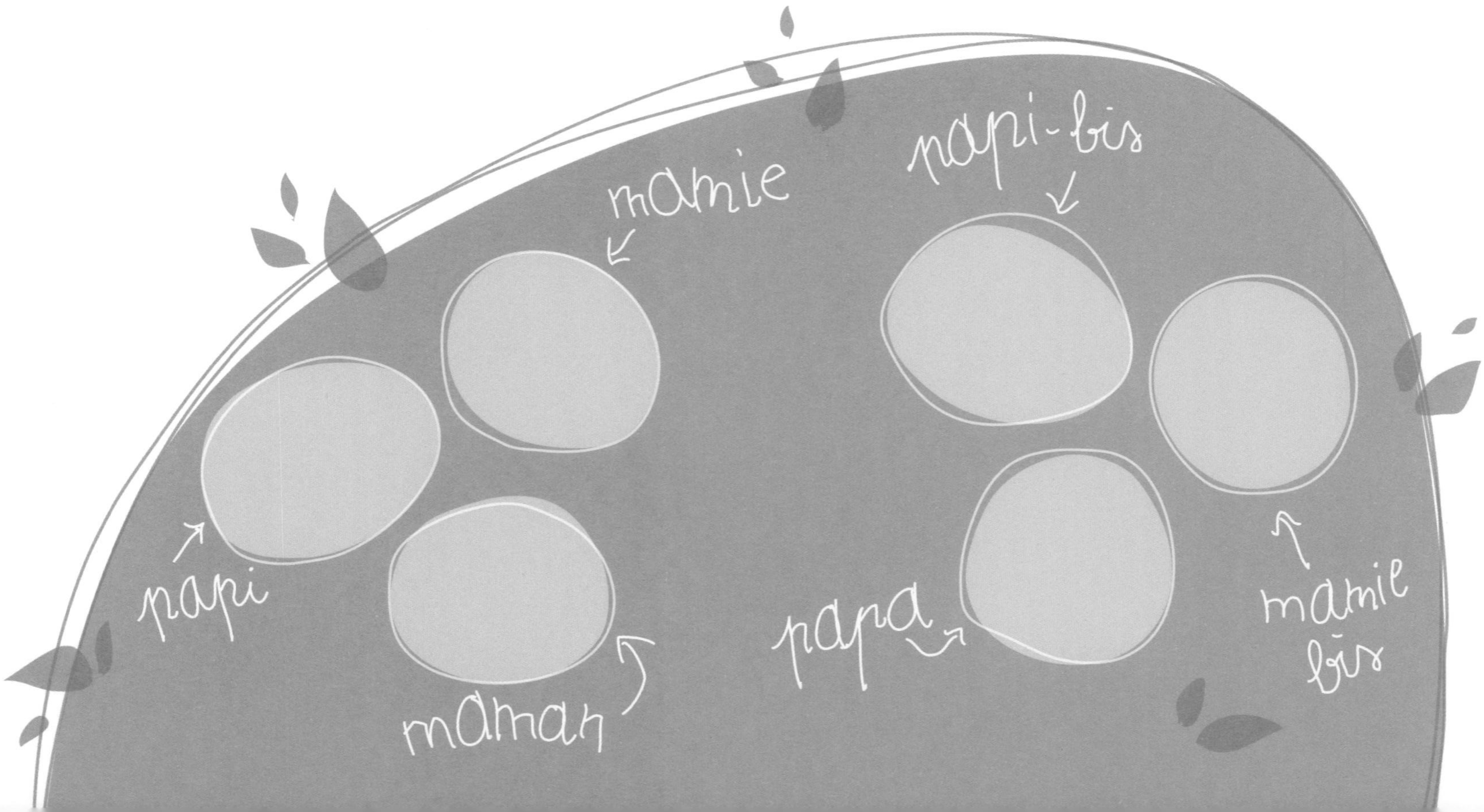

frangin
frangine
frangin
frangine
moi
MAMAN, ON EST OBLIGÉ DE METTRE LA PHOTO DE TATA FERNONDE ?

les lauréats

Parrain & Marraine

ma marraine

c'est une princesse,
elle sent bon
sous les aisselles
et elle s'appelle

....

mon parrain

il est joli garçon
et il s'appelle

....

BON, ALORS ! MOI, POUR LES PARRAIN-MARRAINE, J'AI PONSÉ À TCHOUPI ET DORA L'EXPLORATRICE.

marketing promotionnel

L'annonce de sortie officielle

Mon attaché de presse m'a tricoté un faire-part de naissance trop canon

mon peti frairre é né. je vé bien et je veut bien des kados ossi, merssi.
Grumeau

astres... am... gram...

Grumeau ascendant couche sale

Mars en hamster et Mercure en pâtàcrêpe

L'astrologie à portée de couche

Mon signe astrologique

....

Mon ascendant

....

Mon signe astrologique chinois

....

BON, ALORS, D'APRÈS MES CALCULS ASTROBIOTIQUES, IL EST PUTOIS ASCENDANT CACAMOU !

On me gâte

Chic ! Une tétine électronique tactile

Oooooh, mais fallait pas !

C'est jour d'inventaire chez Cadorama

Les cadeaux les plus extravagants

....

....

....

....

....

Les cadeaux les plus utiles :

....

....

....

....

....

Les cadeaux les plus ~~pourris~~ inhabituels :

....

....

....

....

....

Les cadeaux que Papa et Maman ont adorés :

....

....

....

....

....

....

....

- ☐ *La tétine pour gaucher de Tata Fernande*
- ☐ *Un set de bavoirs tricotés main en poil de yack équitable*
- ☐ *Un chauffe-biberon wifi 4G*

quoi ? tu veux ma photo ?

Évite le profil droit

mate
un peu
le canon

Vous permettez que je m'installe ?

Je fais comme chez moi, d'accord ?

Mes premières 24 heures à la maison...

Papa et Maman ont dormi .... ~~minutes~~ heures

Papa et Maman ont changé .... couches

Papa et Maman ont préparé .... biberons

Maman m'a nourri(e) .... fois

Papa et Maman ont chanté (plus ou moins faux) .... berceuses

Je me suis réveillé(e) .... fois dans la nuit

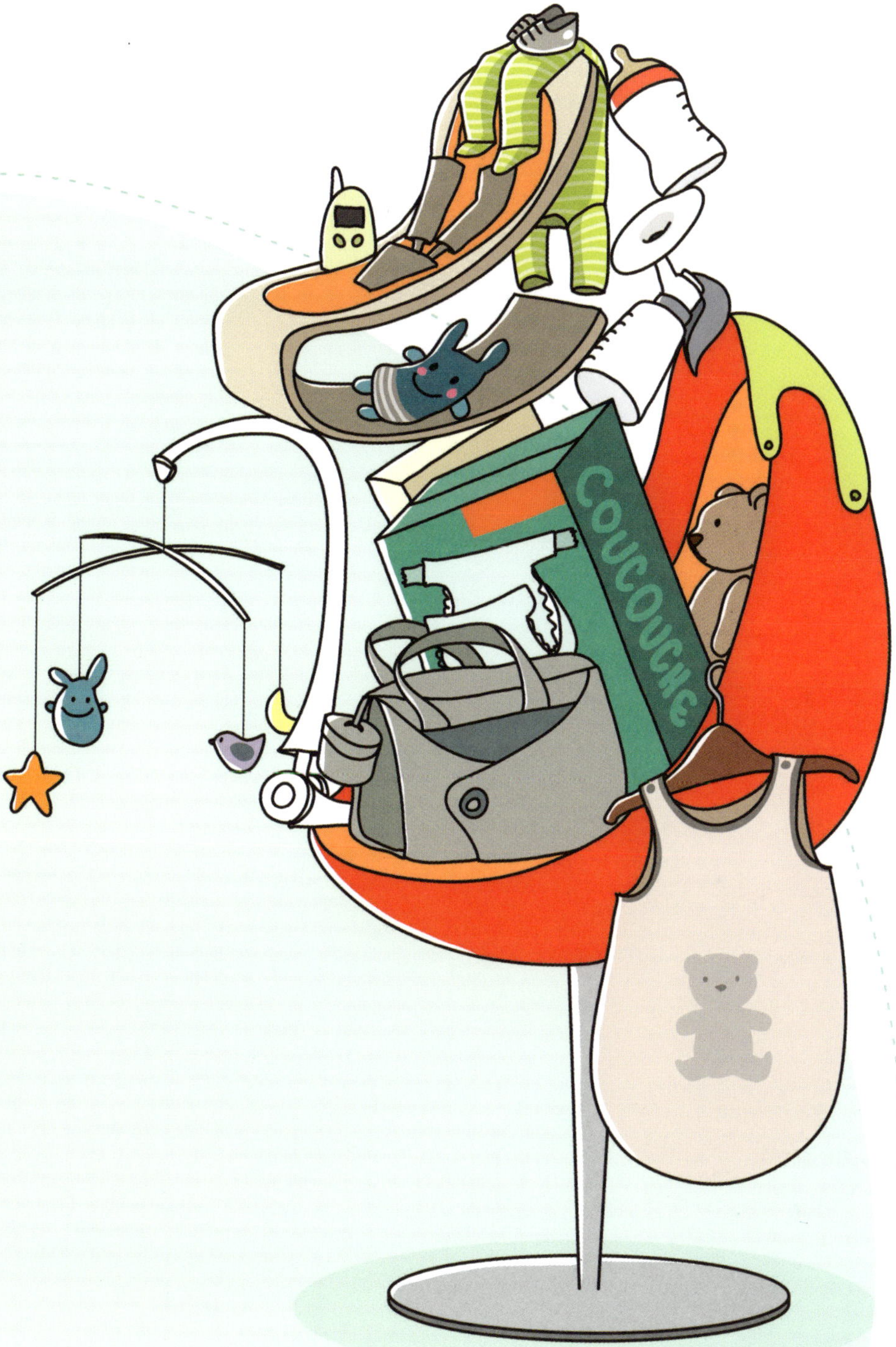
COUCOUCHE

le marathon du pasdodo

Lève-toi, c'est ton tour

À la lose du dodomètre, le grand gagnant est...

Qui se lève la nuit pour me nourrir ?

- ☐ *Papa*
- ☐ *Maman*
- ☐ *Les deux mon capitaine*
- ☐ *On a droit à la calculette pour répondre ?*

Qui passe le plus de temps à m'écouter respirer la nuit ?

- ☐ *Papa*
- ☐ *Maman*
- ☐ *Les deux mon capitaine*
- ☐ *Le babyphone*

Qui a le plus de mal à se réveiller la nuit ?

- ☐ *Papa*
- ☐ *Maman*
- ☐ *Les deux mon capitaine*
- ☐ *Pâtàcrêpe le hamster*

Qui est le plus doué pour faire semblant de ne rien entendre la nuit ?

- ☐ *Papa*
- ☐ *Maman*
- ☐ *Les deux mon capitaine*
- ☐ *Tous pourris*

Qui se rendort le plus vite ?

☐ *Papa* ☐ *Les deux mon capitaine*

☐ *Maman* ☐ *Moi*

Au final, j'ai fait mes nuits à :

☐ *3 mois* ☐ *24 ans*

☐ *6 mois* ☐ ……………….

de l'investissement immobilier

Tu crèches chez tes parents ?

les photos de mon petit meublé

éminence Grise

Élu doudou de l'année

and ze ouineur iz...

ON N'EST JAMAIS TROP PRÉVOYANT... DES FOIS QU'IL Y AURAIT LA GUERRE...

addictions

T'en veux ?

Je carbure à quoi ?

Jamais sans ma tétine

Je suis accro :

- [ ] *À mon pouce*
- [ ] *À mon doudou*
- [ ] *À la tétine*
- [ ] *Aux chants polyphoniques moldaves*

Le top 10 des indispensables
dont je ne saurais me passer :

....

....

....

....

....

....

....

....

....

....

....

....

....

....

AHAAA! GRÂCE À L'APPLI "OÙKÉLÉLATEUTEU?", EN CAS DE PERTE, JE PEUX GÉOLOCALISER LA i-TÉTINE DANS UN RAYON DE 6 KM ! C'EST PAS MERVEILLEUX ?

le ridicule ne tue pas

Les surnoms de l'angoisse

Ô mornes qualificatifs !

Ils ont osé me surnommer…

les petits surnoms que me donne maman

....

....

....

....

....

....

....

....

les petits surnoms que me donne papa

....

....

....

....

....

....

....

....

papi, mamie,
la tante de
mon facteur…

Ils se sont tous ligués contre moi

bulletin Gastronomique

C'est quand qu'on mange ?

Petit inventaire alimentaire

Parlons peu, parlons bouffe

Je me nourris

- ☐ *Au biberon*
- ☐ *Au sein*
- ☐ *Les deux mon capitaine*
- ☐ *Oui*
- ☐ *Au distributeur de café*
- ☐ *Si je veux d'abord !*

J'ai attaqué ma première compote / purée à :

....

Ce que je préfère manger c'est :

....
....
....

Beeuurk ! Tu vas pas me faire manger ça ?!

....
....
....

Je suis plutôt :

- ☐ *Un gros mangeur*
- ☐ *Un estomac sur pattes*
- ☐ *Un fin gourmet exigeant*
- ☐ *Un gourmand sélectif*
- ☐ *Un goûteur méfiant*
- ☐ *Un Grumeau-bouffequedalle*

de l'outillage

Les joujoux des champions

mate un peu mes jouets préférés

anthropométrie, poil au zizi

Silence, je pousse !

Faisons un petit bilan centimétrique

Mon poids

....

Ma taille

....

12 mois

Mon poids

....

Ma taille

....

18 mois

Mon poids

....

Ma taille

....

24 mois

jubilé

Chic ! C'est mon anniversaire !

Vous reprendrez bien une petite part de gâteau ?

je suis le roi de la fête

DĒY-DĒY!
SPLOUTCH!

noël c'est bien...

... les cadeaux, c'est mieux

Pour mon premier Noël

Papa Noël m'a apporté

la grande évolution à petits petons

Les premières fois

Mon premier mot ....

Mon premier "Maman", j'avais ....

Mon premier "Papa", j'avais ....

Les autres premières
à retenir

le dico-charabia illustré

C'est pourtant clair ce que je dis, non ?

Pétélé moupa kreuh ! Dèy-dèy !

Un langage bien à moi

En grumeau-charabia je dis...

... que l'on peut approximativement traduire par

IL DIT :
"JE CROIS AVOIR ÉTÉ
VICTIME D'UN MALENCONTREUX
ACCIDENT DE COUCHE.
AURIEZ-VOUS L'OBLIGEANCE,
CHÈRE MAMAN, DE ME CHANGER ?
MERCI."
DÈY-DÈY !

au bon plaisir de sa majesté

J'aime / J'aime pas

Les trucs que j'aime

....

....

....

....

....

....

....

....

....

....

....

....

....

....

....

....

....

....

....

Les trucs que j'aime pas

fossiles

À la postérité des petits petons

tu l'as vu mon pied ?

et ma main ? tu l'as vue ma main ?

le Grand inventaire des petites manies

Respectons les procédures

Pour m'endormir, j'ai besoin

- ☐ *De mon doudou*
- ☐ *De ma tétine*
- ☐ *De mon pouce*
- ☐ *De ma berceuse*
- ☐ *De ma veilleuse*
- ☐ *D'un tour en mob'*

....

....

....

....

Je dors

- ☐ *Sur le dos*
- ☐ *Sur le ventre*
- ☐ *Sur le côté*
- ☐ *Les jambes entre les barreaux*
- ☐ *Les fesses en l'air*
- ☐ *Dans mon lit pardi !*

....

....

....

....

....

....

Je mange

- [ ] *Avec ma fourchette*
- [ ] *Avec mes doigts*
- [ ] *Je ne mange pas, j'étale*
- [ ] *Jamais sans mon doudou*

....

....

....

....

....

....

Précis de bobologie

C'est quoi ce bouton sur mon bras ?

Le bilan relou du casse-cou

Les plaies, les bosses, tout ce que je me cabosse

....

....

....

....

....

L'inventaire patraquologique

Les virus, les bactéries, j'ai bobo à la maladie

....

....

....

....

....

....

....

....

Côté constitution, je suis plutôt...

- [ ] *Costaud du biscoteau*
- [ ] *Virus-friendly*
- [ ] *Jamais malade*
- [ ] *Douillet*

....

....

....

....

....

....

l'horizon à portée de biberon

Tu fais quoi pour les vacances ?

à la plage
je fais
des ravages

les mémoires d'une fripouille

L'empereur des bêtises, le roi de la boulette

Mes bêtises mémorables

Tome 1

....

....

....

....

....

....

....

....

....

....

....

....

....

....

....

....

....

....

....

....

CROQUETTES
MIAOU

Grumeau-bouffetout

De la gastronomie expérimentale

Mes dégustations inhabituelles

J'ai testé :

- ☐ *Le carpaccio d'asticots*
- ☐ *La soupe aux cailloux*
- ☐ *Le croquant au sable*
- ☐ *Les verrines à la gadoue*
- ☐ *L'émincé de limace*
- ☐ *Le tartare de mouches*

Et bien d'autres choses encore : ....

....

....

....

....

....

....

....

....

....

....

....

....

....

3

la gazette du Grumeau

Paparazzades post-daguerréotypes paléozoïques

la galerie de mes plus belles photos volées…

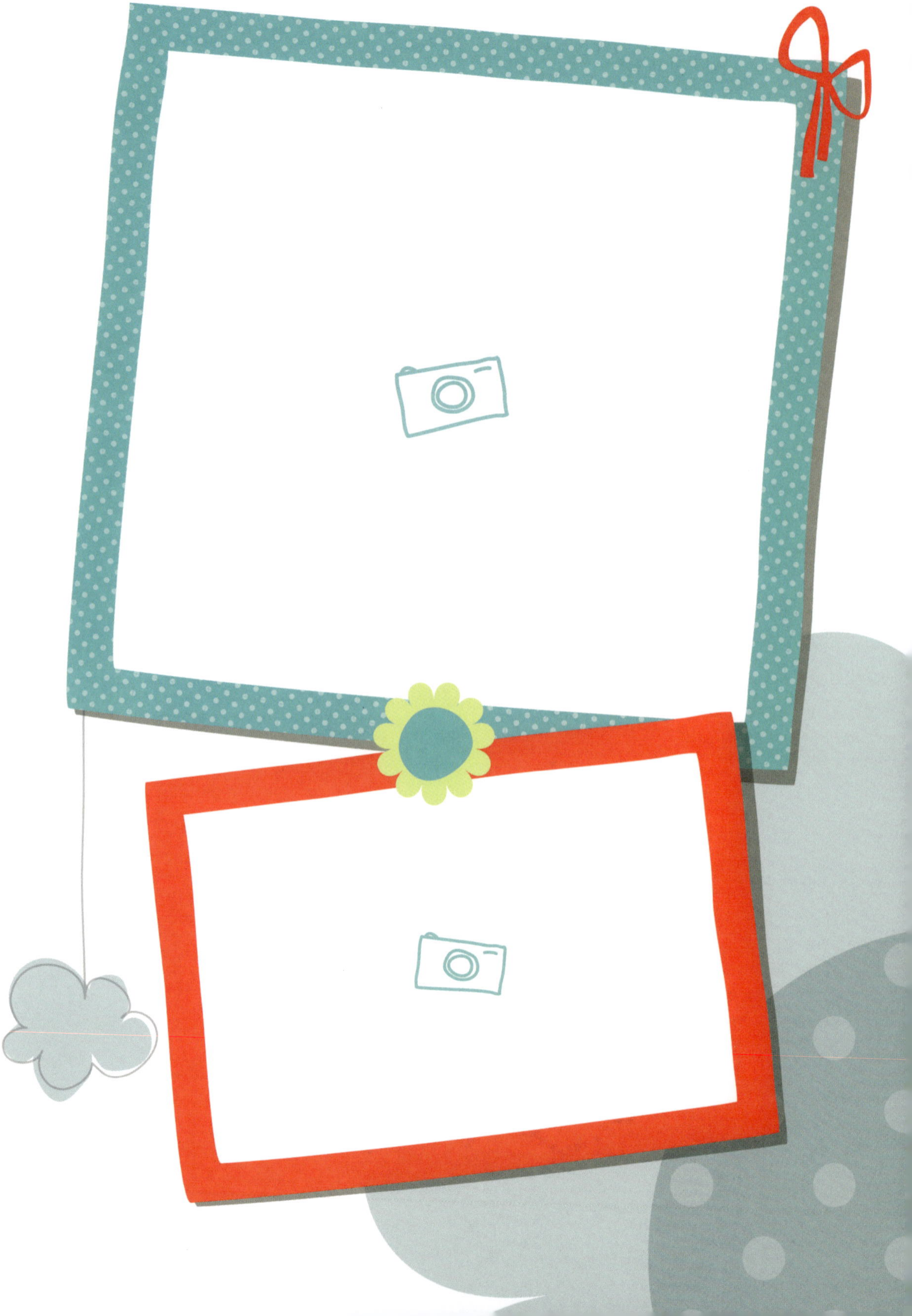

retrouvez tout l'univers du Grumeau sur le blog de Nathalie Jomard :

www.grumeautique.blogspot.com

118, avenue Achille-Peretti
CS 70024
92521 Neuilly-sur-Seine Cedex

Textes et illustrations
Nathalie Jomard

Conception et réalisation
Nathalie Jomard
Claude Combacau

Direction d'ouvrage
Marie Dreyfuss

Fabrication
Christian Toanen
Nikola Savic

Photogravure
Turquoise

Achevé d'imprimer en Chine

Dépôt légal : novembre 2014
ISBN 13 : 978-2-7499-2344-4
LAF 1902